L'Empire romain

ROMA

LES ESSENTIELS MILAN JUNIOR

Sommaire

Nos ancêtres... les Romains

LES ANCÊTRES... DE QUI ?

Julie est perplexe. Les ancêtres, elle le sait, ce sont ceux qui ont vécu avant nous : les grands-parents, et puis tous ceux qui les ont précédés. Mais quand ses parents parlent de leurs familles, il n'y a jamais de Romains ! Alors pourquoi son frère fait-il le malin en prétendant que « nos ancêtres sont les Romains » ?
Et puis d'abord, c'est où, Rome ?

C'EST MARRANT LÀ-DESSUS, PÉPÉ ME FAIT PLUS PENSER À VERCINGÉTORIX...

AVE, HOLA, HELLO, GUTEN TAG, SALUT...

ROME, C'EST PARTOUT

Rome, c'est en Italie, sur les bords d'un fleuve qui se nomme le Tibre. Mais c'est aussi en Grande-Bretagne et en Espagne, en Afrique du Nord et en Syrie, en Arabie et en Turquie, en Allemagne, en France... Pas possible ? Bien sûr que si ! Rome n'est pas seulement une ville. Dans les premiers siècles de notre ère, c'est aussi une grande puissance qui s'est installée partout.

DES ROMAINS QUI LAISSENT DES TRACES

Julie ne se sent pas vraiment concernée. C'est du passé tout ça ! Oui, mais du passé sur lequel une partie de notre histoire s'est construite. Les Romains se sont installés un peu partout ; ils ont tracé des routes, fondé des villes, bâti des monuments, apporté leur mode de vie, leurs croyances, leur façon de gouverner, leur langue, même ! Bref, ils ont laissé des traces absolument partout.

ALORS, CES ANCÊTRES ?

PAS UN SEUL CÉSAR DANS LA FAMILLE... MAIS, ALBUM... C'EST PAS UN NOM ROMAIN ?

Des traces, des traces... Cela suffit-il pour qu'on les compte parmi nos ancêtres ? Julie voudrait en être sûre... Pour cela, une seule solution : remonter le temps, se cacher au bord du Tibre et guetter une louve qui vient nourrir deux bébés qui hurlent de faim. Mais qui sont-ils donc, ces Romains ?...

La naissance de Rome

Une légende raconte la fondation de la ville de Rome. Comme toutes les légendes, elle s'enracine dans un lieu précis : sept collines au bord d'un fleuve.

Fils d'un dieu

Rhéa Sylvia était destinée à ne pas avoir d'enfants. C'est son oncle Amulius qui l'avait décidé. Rhéa Sylvia était la fille de son frère, à qui il avait volé le trône d'Albe, une ville du Latium. Si elle avait des enfants, ils viendraient réclamer leur héritage ! Il en avait donc fait une vestale, ce qui lui interdisait d'être mère. Une nuit, pourtant, le dieu Mars la visita… Neuf mois plus tard, des jumeaux, Remus et Romulus, naquirent.

Nourris par une louve

Amulius ordonna de noyer les bébés. Mais ceux-ci furent juste abandonnés au bord d'un fleuve, le Tibre. Une louve les entendit et les nourrit. Puis ils furent recueillis par un berger qui les éleva. Devenus adultes, ils décidèrent de fonder une ville… et se disputèrent pour savoir qui en serait le roi. Ils demandèrent aux dieux d'envoyer un signe. Remus vit six vautours dans le ciel et Romulus douze. Il avait gagné ! Il traça une ligne sur le sol pour délimiter la future cité et déclara qu'il tuerait quiconque

Le savais-tu ?

Un site idéal

L'endroit où se trouve Rome était un lieu idéal pour fonder une ville. Les sept collines au bord du fleuve peuvent être fortifiées et servir de refuge aux habitants. Voici leur nom : Palatin, Capitole, Esquilin, Aventin, Quirinal, Caelius et Viminal. Au pied des collines coule le Tibre. À cet endroit, il y a une île juste au milieu du Tibre ; on peut donc le franchir plus facilement.

Construction de Rome ; Romulus tue Remus, qui l'a provoqué (gravure sur cuivre, XVIIᵉ siècle).

la franchirait en étant armé… Ce que fit Remus.
Romulus tua son frère et donna son propre nom
à la ville : Rome.

À côté de la légende, l'histoire

Trois peuples de bergers vivaient sur ces collines :
les Latins, les Sabins et les Étrusques. Vers 750
av. J.-C., les Latins et les Sabins se regroupèrent en
un seul village. Il se trouvait sur le mont Palatin et
était entouré d'un mur et d'une palissade en bois.
Plus tard, les Romains choisirent 753 av. J.-C.
comme date officielle de la fondation de Rome.

Les rois étrusques

Les Étrusques avaient fondé de puissantes cités entre
la plaine du Pô et Rome, dans ce qui est aujourd'hui
la Toscane. À partir de 616 av. J.-C., ils étendirent leur
domination sur Rome. Trois rois étrusques s'y succé-
dèrent : Tarquin l'Ancien, Servius Tullius et Tarquin
le Superbe. Ils édifièrent des temples et des monuments
et mirent en place un formidable réseau d'égouts.

Vie de vestale

Les sept vestales sont
choisies dans des familles
riches quand elles sont
encore enfants.
Elles consacrent 30 années
de leur vie à la déesse :
10 ans pour apprendre,
10 ans pour pratiquer
et 10 ans pour enseigner.
Pendant tout ce temps-là,
elles font vœu de chasteté
et n'ont pas le droit
de se marier.

Les limites de la ville

La ligne que Romulus
trace sur le sol marque
la limite sacrée de la ville,
le *pomoerium*. Aucun
étranger et aucun citoyen
armé n'avait le droit
de la franchir.
En le faisant, Remus
provoque son frère
et commet un sacrilège.
C'est pour cette raison
que celui-ci le tue.

dico

Latium : région
de l'Italie centrale
où Rome est située.

Vestales : prêtresses
de Vesta, la déesse
du foyer domestique.
Elles entretiennent
le feu sacré de la cité
dans le temple
de Vesta.

Les premières conquêtes

Très vite, Rome doit se défendre contre de multiples envahisseurs et renforcer ses frontières. Très vite aussi, elle convoite de nouveaux territoires pour leurs richesses.

Lucius Junius Brutus, le fondateur légendaire de la République romaine (gravure, XVIIIᵉ siècle).

Le savais-tu ?

Pourquoi des conquêtes ?

Qu'est-ce qui a bien pu pousser les Romains à conquérir le monde et bâtir un immense empire ? Au début, c'est pour se défendre et assurer la sécurité de leur territoire..., dont ils repoussent les limites au fur et à mesure que leurs voisins vaincus deviennent romains. Par la suite, des peuples feront appel à eux pour se défendre contre un autre ennemi. Plus tard, ils auront le rêve d'installer tout autour de la Méditerranée la « paix romaine » et le mode de vie et de gouvernement romain.

Fini, les Étrusques !

Il n'y eut pas plus de trois rois étrusques à Rome… Sous le règne de Tarquin le Superbe (534 à 509 av. J.-C. environ), une révolte éclata et la république fut instaurée. Un siècle plus tard, en 396 av. J.-C., les Romains assiègent et s'emparent des premières cités étrusques. Il leur faudra encore plus d'un siècle pour conquérir cette partie de l'Italie.

Battus, les Grecs !

Le sud de l'Italie et la Sicile sont occupés par des Grecs. Voici plusieurs siècles que ceux-ci y ont fondé des colonies prospères. L'une d'elles, Tarente, a la mauvaise idée d'attaquer Rome. Le roi Pyrrhus arrive de Grèce avec une vingtaine d'éléphants pour soutenir Tarente en 280 av. J.-C. Les Romains sont terrifiés : ils n'ont jamais vu d'éléphants ! Ils finiront quand même par vaincre Tarente, en 272 av. J.-C., et toute la Grande Grèce devient romaine.

Mais qui sont les Carthaginois ?

De l'autre côté de la Méditerranée, en face de la Sicile, les Phéniciens ont fondé une colonie. Elle se nomme Carthage, possède des territoires en Sicile, puis domine la Sardaigne et l'Espagne. Cela ne plaît pas beaucoup aux Romains, qui veulent être les seuls à être présents en Sicile. Il leur faudra trois guerres (les « guerres puniques ») pour éliminer cette dangereuse rivale.

L'exploit des éléphants

La deuxième guerre punique est marquée par le prestigieux Hannibal, qui mène les troupes carthaginoises de victoire en victoire. En 218 av. J.-C., à la tête de 60 000 soldats et de 40 éléphants, il passe d'Espagne en Gaule. Il franchit les Alpes, traverse l'Italie, contourne Rome et poursuit vers le sud... pour être finalement battu par les Romains en 202 av. J.-C. En 146 av. J.-C., Carthage est rasée ; les territoires qu'elle contrôle deviennent romains, Espagne comprise.

Bataille de Zama (2ᵉ guerre punique), 202 av. J.-C. : le consul Scipion à la tête de l'armée romaine remporte la victoire contre le célèbre Hannibal (peinture, XIXᵉ siècle).

Hannibal

Hannibal est né à Carthage, mais il passe une partie de sa jeunesse en Espagne, où son père, Hamilcar Barca, est chargé d'un commandement. Il reçoit une bonne éducation donnée par des précepteurs grecs et prend part très tôt à des combats. À 26 ans, il devient le commandant en chef des troupes carthaginoises.

dico

Grande Grèce : nom donné par les Grecs à la partie sud de l'Italie et à la Sicile. Entre le VIIIᵉ et le VIᵉ siècle av. J.-C., les Grecs y implantent de nombreuses colonies.

Phéniciens : peuple de la Phénicie, région située sur la côte de la Syrie. Grands navigateurs, ils fondèrent des colonies sur tout le pourtour méditerranéen.

Punique : vient du mot latin poeni, qui désigne les Phéniciens et donc les Carthaginois.

République : régime politique dans lequel le pouvoir est partagé et pas héréditaire.

Jules César contre Vercingétorix

Aux portes de l'Italie, de l'autre côté des Alpes, un vaste territoire s'étend. Une multitude de tribus y vivent : ce sont les Gaulois.

Qui est Jules César ?

Il est né à Rome en juillet 101 av. J.-C. et se nomme Caius Julius Caesar. Sa famille compterait un ancêtre prestigieux, Iule, fils d'Énée, un héros troyen. Jules César est à la fois un homme politique (il est consul) et un chef militaire réputé qui conduit les armées romaines à la victoire. Il est aussi connu pour ses écrits, comme ses *Commentaires*, où il retrace son épopée gauloise.

Jules César (statue conservée au musée de la Civilisation romaine, à Rome).

Qui est Vercingétorix ?

Son nom n'est peut-être pas son vrai nom. Il signifie « roi-suprême-des-guerriers ». Peut-être s'agit-il plutôt d'un titre qui désigne une fonction. Sur les pièces de monnaie de l'époque, il est représenté avec des cheveux bouclés, longs comme

Le savais-tu ?

L'histoire d'Énée

Énée était le fils de la déesse Vénus et du guerrier Anchise, et il était troyen. Quand la ville de Troie fut prise par les Grecs et détruite, il s'enfuit en portant son vieux père sur son dos. Après un long voyage, il arriva en Italie, dans la région du Latium, et fit alliance avec un roi local. Rhéa Sylvia, la mère de Remus et Romulus, les fondateurs légendaires de Rome, est l'une de ses descendantes.

les Gaulois les portaient, ce qui valait à leur pays le surnom de « Gaule chevelue ». Vercingétorix est gaulois, chef d'une tribu arverne. Pourquoi l'histoire a-t-elle retenu son nom ? Parce qu'il est celui qui a osé défier les légions romaines et qui a presque réussi à unifier les tribus gauloises.

Comment la guerre des Gaules a-t-elle commencé ?

Les tribus gauloises étaient toujours en train de se quereller, entre elles ou avec leurs voisins. Un jour, en 58 av. J.-C., l'une d'elles, la tribu des Éduens, a une curieuse idée. Elle demande aux Romains de venir l'aider à se défendre contre les Helvètes. Il n'en faut pas plus pour que les légions de Jules César franchissent les Alpes, pénètrent en Gaule et commencent à soumettre les populations.

Pas d'accord !

Vercingétorix voit cela d'un très mauvais œil. Il dresse les peuples gaulois contre les envahisseurs et affaiblit les légions romaines en brûlant, devant elles, villages et cultures, tout ce qui pourrait servir à les approvisionner. Il remporte une grande bataille à Gergovie. En août 52 av. J.-C., il se réfugie dans Alésia avec 80 000 hommes. Jules César dresse un siège devant Alésia et oblige le jeune chef à capituler. Vercingétorix est emmené à Rome, où il meurt quelques années plus tard, étranglé dans sa prison. La Gaule devient romaine.

dico

Arverne : peuplade celte qui vivait dans l'Auvergne actuelle.

Consul : l'un des magistrats les plus importants de la République romaine. Ils étaient au nombre de deux.

Éduens : tribu gauloise qui vivait dans les actuels départements de la Saône-et-Loire et de la Nièvre.

Helvètes : peuple celtique d'Helvétie (aujourd'hui la Suisse).

Latium : région de l'Italie centrale où Rome est située.

Troie : cité antique située à l'emplacement de l'actuelle Hisarlik, en Turquie.

De la République à l'Empire

Rome a connu la royauté, puis la ==république==. Au fil des conquêtes, son territoire s'agrandit. L'Empire va remplacer la République.

Naissance d'une reine

À la tête de ses légions, Jules César est très puissant. Il débarque en Égypte et y rencontre une jeune reine. Elle est très belle, se nomme Cléopâtre et partage le trône avec son frère-époux, Ptolémée XIII, comme le veut la coutume. César est séduit par Cléopâtre ; il l'aide à se débarrasser de Ptolémée et l'installe sur le trône d'Égypte. Un fils, Césarion, naît de leur union.

Mort d'un ==dictateur==

César est nommé dictateur à vie, ce qui lui confère tous les pouvoirs. Mais il ne sera jamais empereur. Alors qu'il se rend au ==Sénat==, le 15 mars 44 av. J.-C., il est assassiné par celui qu'il considère comme son fils, Brutus. Deux hommes se disputent alors le pouvoir : Octave, qui est le petit-neveu et le fils adoptif de César, et Antoine, ==consul== de Rome.

Amour et pouvoir

Pour tenter une alliance avec son rival, Antoine épouse sa sœur, Octavie. Mais voilà : il est fou amoureux de Cléopâtre ! Tous deux se lient contre Octave. Mais quand la flotte d'Octave bat la leur à la bataille d'Actium, en 31 av. J.-C., Antoine et Cléopâtre se suicident. Voilà Octave maître du monde. Il a la faveur du Sénat. À tel point que celui-ci lui accorde l'autorité, ce qui le place au-dessus de tous les magistrats. Le Sénat lui donne aussi le titre d'Auguste, qui fait de lui une personne sacrée.

Un seul maître

Sous la République, le pouvoir n'appartenait pas à une seule personne. Il était réparti entre des magistrats désignés par les citoyens. Le Sénat, composé d'anciens magistrats, approuvait les lois, votait la guerre ou la paix. À partir de 27 av. J.-C., quand Octave prend le titre d'Imperator Caesar Augustus, tout change. C'est l'empereur qui cumule la plupart des pouvoirs et qui choisit les sénateurs. Lui-même est nommé par son prédécesseur ou par ses légions. Il porte sur la tête une couronne de laurier et il a sa garde personnelle : la garde prétorienne.

Octave, le premier empereur romain sous le nom d'Auguste.

Le dictateur

Lorsque la cité était menacée d'un péril très grave, les anciens consuls prenaient la décision de remettre tous les pouvoirs aux mains d'un seul homme. Ils nommaient alors un dictateur pour une période de six mois. César, lui, sera nommé dictateur à vie.

dico

Consul : l'un des magistrats les plus importants de la République romaine. Ils étaient au nombre de deux.

Dictateur : à l'époque romaine, c'est un magistrat à qui l'on donne tous les pouvoirs en cas de crise grave. Aujourd'hui, ce mot désigne une personne qui gouverne sans contrôle.

République : régime politique dans lequel le pouvoir est partagé et pas héréditaire.

Sénat : vient de l'adjectif senex qui signifie « vieux », car c'étaient des hommes âgés qui composaient ce conseil.

Agrandir l'Empire

Sous l'Empire, le territoire romain ne cesse de s'agrandir. Les empereurs se succèdent et mènent une politique de conquêtes.

Les hommes peints de Bretagne

À l'époque romaine, la Grande-Bretagne se nomme tout simplement Bretagne. L'île est mal connue des Romains, même si Jules César a traversé deux fois la Manche pour s'y rendre. Les Romains savent cependant que c'est un pays riche, car il possède des mines d'étain, de cuivre, de fer et d'argent. C'est sans doute pour cette raison que l'empereur Claude décide de l'envahir en 43 apr. J.-C. Mais il n'atteint pas le nord du pays. Son avance est stoppée par de terribles guerriers, les Pictes, qui se peignent le corps en bleu.

Trajan, le soldat

Trajan est né en 53, en Espagne, au sein d'une famille italienne installée dans cette province romaine. Il est d'abord soldat, puis consul, puis gouverneur de la Germanie en 96. L'année suivante, il est adopté par l'empereur Nerva, comme le permet la coutume. C'est ainsi qu'à la mort de Nerva, en 98, il devient à son tour empereur. Il entreprend la conquête de la Dacie et mène deux grandes cam-

Buste de Trajan (IIᵉ siècle).

pagnes, en 101-102, puis 105-106, qui assurent la sécurité sur la frontière du Danube. Il meurt en 117, après 19 ans de règne.

Buste d'Hadrien (IIe siècle).

Hadrien, l'amoureux des arts

Hadrien succède à Trajan. C'est un homme curieux de tout, cultivé, qui aime apprendre, voir et comprendre. Mais c'est aussi un militaire, et il participe aux campagnes contre les Daces. Durant son règne, de 117 à 138, il séjourne assez peu à Rome. Il entreprend de grands voyages, car il veut connaître chaque province de son gigantesque empire ; c'est aussi une façon de lui donner son unité et son identité.

L'apogée de l'Empire

Antonin le Pieux succède à Hadrien. C'est un grand propriétaire terrien, très honnête et attaché à ses devoirs, ce qui lui vaut son surnom de *Pius*, le « Pieux ». Sous son règne, de 138 à 161, l'Empire connaît son apogée et vit dans la paix. Aucune guerre ni aucune invasion ne viennent troubler ces années. L'Empire connaît aussi la prospérité économique.

La villa d'Hadrien

Non loin de Rome, Hadrien fait édifier une somptueuse villa... aussi grande qu'une petite ville. Il y reconstitue les lieux et les monuments qu'il a aimés lors de ses voyages. Par exemple, le Poecile est le nom d'un portique à Athènes et la vallée de Tempé, aménagée dans le parc de la villa, porte le nom d'une vallée de Grèce.

dico

Apogée : le point le plus élevé. Être à son apogée : être au sommet de sa gloire.

Consul : voir définition p. 13.

Dacie : province romaine qui correspond à l'actuelle Roumanie.

Germanie : province romaine qui correspond à une partie des Pays-Bas et de l'Allemagne actuels.

Portique : galerie ouverte sur l'un des deux longs côtés, ou les deux, et bordée d'une colonnade.

Province : territoire conquis par Rome en dehors de l'Italie et gouverné par un administrateur romain.

Des bergers à l'Empire

Au VIIIᵉ siècle av. J.-C., Rome est une simple bourgade sur les bords du Tibre. Rien ne laisse penser qu'elle deviendra un jour le centre du monde méditerranéen. Et pourtant...

Pourtant, vers 500 av. J.-C., Rome contrôle déjà une partie de ce qui est aujourd'hui l'Italie.

Peu avant les conquêtes de Jules César, vers 60 av. J.-C., Rome possède les terres situées sur les côtes ouest et nord de la Méditerranée, ainsi qu'une partie de la côte est.

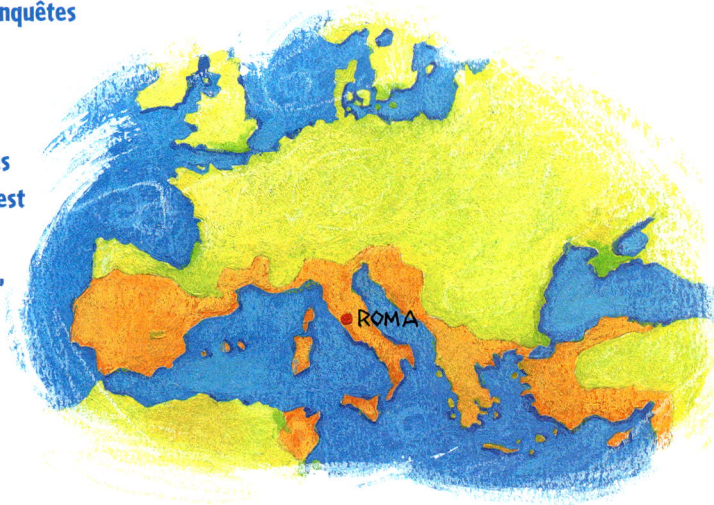

En 200 apr. J.-C., Rome règne sur un territoire gigantesque qui compte 47 provinces.

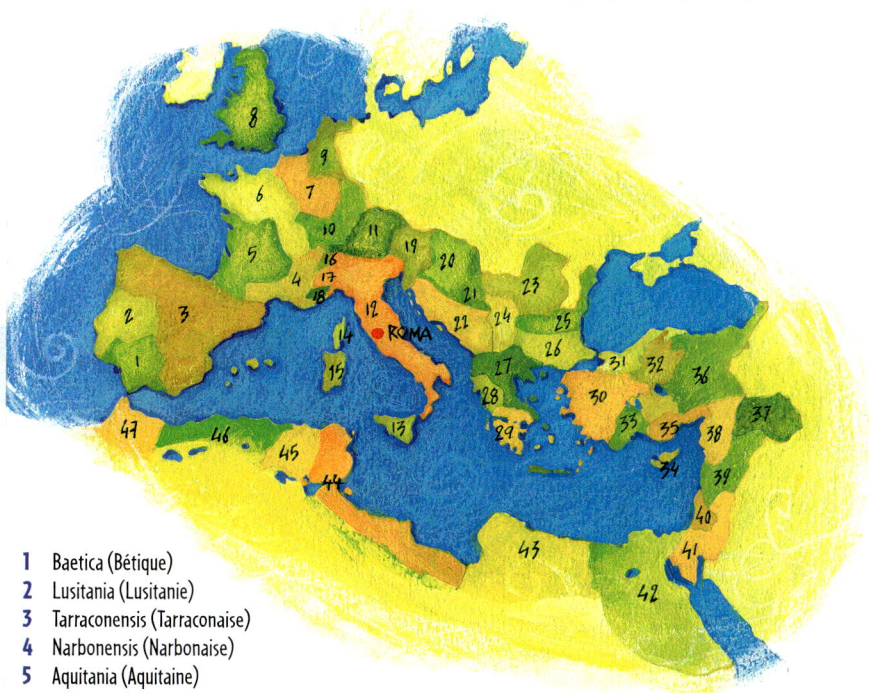

1 Baetica (Bétique)
2 Lusitania (Lusitanie)
3 Tarraconensis (Tarraconaise)
4 Narbonensis (Narbonaise)
5 Aquitania (Aquitaine)
6 Lugdunensis (Lyonnaise)
7 Belgica (Belgique)
8 Britannia (Bretagne)
9 Germania inferior (Germanie inférieure)
10 Germania superior (Germanie supérieure)
11 Rhaetia (Rhétie)
12 Italia (Italie)
13 Sicilia (Sicile)
14 Corsica (Corse)
15 Sardinia (Sardaigne)
16 Alpes Graiae et Poeninae (Alpes Grées et Pennines)
17 Alpes Cottiae (Alpes Cottiennes)
18 Alpes Maritimae (Alpes Maritimes)
19 Noricum (Norique)
20 Pannonia superior (Pannonie supérieure)
21 Pannonia inferior (Pannonie inférieure)
22 Dalmatia (Dalmatie)
23 Dacia (Dacie)
24 Moesia superior (Mésie supérieure)
25 Moesia inferior (Mésie inférieure)
26 Thracia (Thrace)
27 Macedonia (Macédoine)

28 Epirus (Épire)
29 Achaia (Achaïe)
30 Asia (Asie)
31 Bithynia et Pontus (Bithynie et Pont)
32 Galatia (Galatie)
33 Lycia et Pamphylia (Lycie et Pamphylie)
34 Cyprus (Chypre)
35 Cilicia (Cilisie)
36 Cappadocia (Cappadoce)
37 Mesopotamia (Mésopotamie)
38 Coele Syria (Syrie Coele)
39 Syria Phenicia (Syrie Phénicie)
40 Palestina (Palestine)
41 Arabia (Arabie)
42 Aegyptus (Égypte)
43 Cyrenaica et Creta (Cyrénaïque et Crète)
44 Africa (Afrique)
45 Numidia (Numidie)
46 Mauretania Caesariensis (Mauritanie Césaréenne)
47 Mauretania Tingitania (Mauritanie Tingitane)

Qui commande l'Empire ?

Bien sûr, c'est l'empereur qui est à la tête de l'Empire. Mais il ne peut pas être partout et il délègue ses pouvoirs. Cependant, tout le monde doit rendre des comptes à l'empereur.

Du territoire à la province

Quand Rome conquiert un nouveau territoire, elle lui accorde, au bout d'un certain temps, le statut de province romaine. Un gouverneur est alors nommé pour la diriger ; une administration est mise en place et c'est Rome qui décide des lois qui vont régir la province.

Partage

En 27 av. J.-C., l'empereur Auguste et le Sénat décident de se partager la gestion des provinces existantes. Celles qui sont pacifiées sont prises

Procession de sénateurs romains (marbre).

en charge par le Sénat. Les responsables qui sont nommés pour les diriger n'ont pas de pouvoirs militaires. Celles qui sont moins pacifiées, où des risques de révolte existent, sont prises en charge directement par l'empereur. Leurs dirigeants, des fonctionnaires romains, ont des pouvoirs civils et militaires. Quant aux territoires qui deviennent provinces romaines après 27 av. J.-C., ils sont automatiquement placés sous la responsabilité de l'empereur.

Comme à Rome

À partir du milieu du Ier siècle apr. J.-C., les cités conquises deviennent cités latines. Chacune d'elles est dirigée et gérée par des magistrats et des assemblées, comme cela se fait à Rome. Mais si le modèle et les lois viennent de Rome, chaque cité conserve néanmoins la culture qui lui est propre. Par exemple, les Gaulois gardent certaines de leurs coutumes et certains aspects de leur mode de vie tout en adoptant et en adaptant le modèle romain.

Quelle langue parle-t-on ?

Au départ, le latin n'est parlé que dans le Latium, la région qui entoure Rome. En conquérant le monde, les Romains portent leur langue dans toutes les provinces. Bientôt, le latin devient la langue officielle de l'Empire et le langage commun à toutes ces provinces si différentes les unes des autres. Le grec est aussi parlé, en Grèce, bien sûr, et dans les régions situées à l'est de l'Empire. C'est aussi la langue des gens cultivés. Les enfants des riches familles romaines apprennent le grec aussi bien que le latin.

Un avenir pour le latin

Le latin progresse plus rapidement dans les provinces situées à l'ouest de l'Empire. Il donnera naissance aux langues dites romanes, comme le français, l'italien, l'espagnol ou encore le roumain et le portugais.

dico

Latium : région de l'Italie centrale où Rome est située.

Province : territoire conquis par Rome en dehors de l'Italie et gouverné par un administrateur romain.

Sénat : vient de l'adjectif senex qui signifie « vieux », car c'étaient des hommes âgés qui composaient ce conseil.

Le modèle romain

Dans tout l'Empire, le paysage des villes se modifie. Des bâtiments romains y sont édifiés. De nouvelles cités sont aussi bâties selon des plans précis.

Fonder une ville

Pas question de fonder une cité sans consulter d'abord les auspices. Il faut absolument que les dieux soient favorables à un tel projet. Pour savoir si c'est le cas, l'augure interprète le vol des oiseaux. Puis le géomètre trace les deux axes principaux de la future cité. À l'aide de la groma, il vise le soleil levant et trace une ligne est-ouest : le *decumanus*. Puis il trace une deuxième ligne perpendiculaire à la première, orientée nord-sud : le *cardo*.

Entourer la ville

Il s'agit ensuite de délimiter le territoire de la ville. C'est le fondateur de la cité qui s'en charge. À l'aide d'une charrue, il trace un sillon en forme de cercle : le *pomoerium*. Personne n'a le droit de franchir cette limite en étant armé. Sur ce sillon, le mur d'enceinte de la cité sera construit. Là où le fondateur a soulevé sa charrue se trouveront les portes.

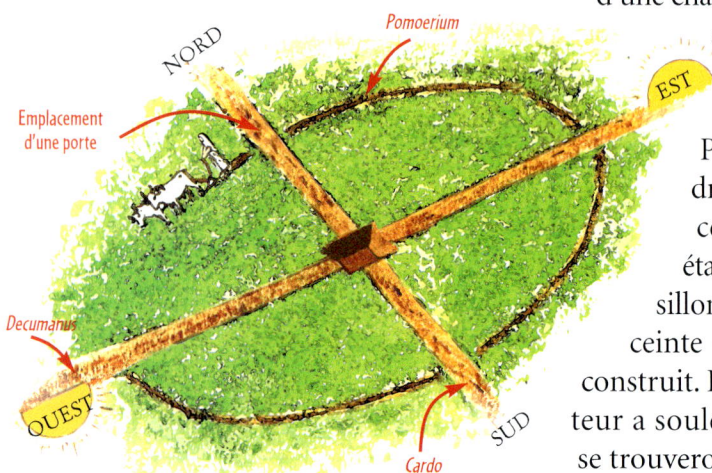

NORD

Pomoerium

EST

Emplacement d'une porte

Decumanus

QUEST

SUD

Cardo

Reconstitution du Forum Romanum (estampe, 1901).

Le centre-ville

Au plein cœur de la ville se trouve le forum (la « place »), rectangulaire et situé la plupart du temps là où le *decumanus* et le *cardo* se croisent. Les principaux bâtiments de la cité sont édifiés autour de cette place. D'abord un temple, le capitole, dédié à Jupiter, Junon et Minerve, les trois dieux principaux de Rome. Puis la curie, où siégeront les magistrats de la ville. Et enfin la basilique, un vaste édifice public qui sert notamment aux banquiers et aux magistrats.

Les bâtiments publics

Pour faire leurs courses, les Romains disposent de marchés qui se tiennent en plein air ou dans un bâtiment prévu à cet usage, le *macellum*. S'ils ont envie de se distraire, ils ont le choix : le théâtre leur propose tragédies et comédies ; le cirque offre les courses de char ; dans les amphithéâtres ont lieu les combats de gladiateurs. Pour se détendre et retrouver ses amis, on va aux thermes, des établissements de bains qui offrent des saunas, des piscines, des terrains de sport… et même parfois des bibliothèques.

dico

Amphithéâtre : édifice à gradins, de forme souvent ovale, où se déroulaient combats de gladiateurs, chasses et jeux divers.

Augure : prêtre romain chargé d'interpréter les auspices.

Auspices : présages « lus » dans le vol ou le comportement des oiseaux, par exemple.

Cirque : enceinte à gradins, de forme allongée, ou avaient lieu les courses de chars.

Géomètre : voir définition p. 27.

Groma : instrument de mesure des géomètres de l'Antiquité.

Triomphe : procession triomphale accordée à un général victorieux. Il s'agit d'une cérémonie militaire et religieuse.

Les richesses de l'Empire

Le port d'Ostie antique.

À chaque **province** ses richesses. Minerais, bois, céréales, animaux de toutes sortes..., tout cela converge vers un seul point : Rome.

De tout le monde connu

Les marchandises qui circulent le plus entre les provinces de l'Empire sont les denrées alimentaires et les métaux. L'Égypte produit des céréales en abondance, ainsi que du vin et des olives. La Gaule est réputée pour ses poteries. D'Espagne, de **Cyrénaïque** et de la lointaine **Cappadoce** viennent les superbes chevaux tant appréciés des jeunes Romains. De **Maurétanie** ou de **Germanie**, c'est le bois, recherché pour la construction des bateaux.

Le savais-tu ?

Des bateaux à tête de cygne

Le navire romain le plus utilisé pour le transport des marchandises mesure entre 20 et 30 mètres de long pour 8 à 10 mètres de large. Il possède deux voiles. La poupe, l'arrière du bateau, est souvent ornée d'une énorme figure de cygne. Quand les objets sont peu fragiles, ils sont tout simplement chargés en vrac. Les liquides, comme le vin et l'huile, sont transportés dans des amphores et, plus tard, dans des tonneaux, qui sont plus légers et plus solides.

Marbre, métaux et minerai

Fer, or, argent, étain, cuivre existent aussi en abondance. Les mines d'or de Las Medulas, en Espagne, comptent parmi les plus vastes de l'Empire. Le marbre utilisé dans la construction des monuments publics ou des villas luxueuses vient de Grèce, d'Asia, l'actuelle Turquie, ou tout simplement des carrières de Carrare, en Italie.

Le transport

Les marchandises, quelles qu'elles soient, sont acheminées principalement par la mer. La Méditerranée reste en effet le meilleur moyen de faire circuler toutes ces denrées entre les différentes provinces. Pourtant, les dangers sont nombreux : le risque de naufrage est toujours présent, même si les marins choisissent plutôt la belle saison pour circuler ; et il y a aussi les pirates, qui n'hésitent pas à attaquer les lents bateaux marchands lourdement chargés. Ostie, le port de Rome, se trouve à une trentaine de kilomètres de la cité. C'est là que la plupart des bateaux qui apportent les denrées alimentaires arrivent. Les plus petits d'entre eux remontent le Tibre jusqu'à Rome.

Des routes et des fleuves

La route est utilisée surtout pour les denrées de luxe, dont certaines viennent de l'extérieur de l'Empire. La soie arrive de Chine. L'Arabie fournit l'encens et l'Asie les épices, qui sont coûteux et très recherchés. Les Romains apprécient également l'ambre et la fourrure. Par les fleuves et les rivières, sur de longues embarcations à fond plat arrivent les marchandises qui pèsent lourd, comme le marbre et les céréales. Le bois, lui, est flotté.

dico

Cappadoce : province romaine qui couvre une partie de la Turquie.

Cyrénaïque : province romaine qui couvre le nord-est de la Libye.

Flotté : le bois est transporté directement sur les cours d'eau.

Germanie : province romaine qui correspond à une partie des Pays-Bas et de l'Allemagne actuels.

Maurétanie : province romaine qui couvre le nord de l'Algérie et du Maroc.

Province : territoire conquis par Rome en dehors de l'Italie et gouverné par un administrateur romain.

L'Empire est sillonné de routes pratiques et bien entretenues qui permettent de se rendre d'un point à un autre facilement. Ce sont les voies romaines.

Tout droit !

Ce sont les autorités romaines qui décident de la construction d'une route. Une fois sur le chantier, les ingénieurs n'ont qu'un seul but : aller le plus droit possible. En plaine, cela ne pose pas de problèmes… En montagne, ils n'hésitent pas à faire creuser des tunnels pour aller au plus court. Une fois les routes construites, elles appartiennent au peuple romain.

Rue romaine avec passage piétons (Pompéi).

Sacrée technique

Les routes romaines sont construites pour durer. Tout commence avec le géomètre, qui dessine le tracé à l'aide d'instruments précis. Puis une tranchée est creusée jusqu'à ce qu'un sol bien dur soit atteint. Cette tranchée est remplie de plusieurs couches de cailloux superposées ; d'abord des gros cailloux, puis des moyens et enfin des petits. Par-dessus, des dalles sont placées. La chaussée est ensuite bordée de chaque côté d'une rangée de pierres verticales. En ville, les rues sont bordées de trottoirs. Pour traverser, on utilise des « passages piétons » constitués de gros blocs posés en travers de la chaussée.

Un beau voyage

Le long des routes, tout est prévu pour les voyageurs. Tous les 60 kilomètres environ, on trouve une auberge où l'on peut se reposer et se restaurer. Les relais, eux, offrent des chevaux frais aux cavaliers et aux attelages. Des bornes placées le long des voies indiquent, en <mark>milles</mark>, les distances qui séparent les villes. On les appelle des milliaires. Sur le grand forum de Rome, un milliaire doré marque le « kilomètre zéro » et indique la distance à parcourir pour rejoindre les principales villes de l'Empire.

Passer le pont

Les ponts sont plutôt en bois. Ils ne sont pas très grands car ils franchissent les gorges au fond de la vallée ; cela limite leur longueur et leur portée. Sur certains fleuves dont le niveau peut changer, comme le Rhône, par exemple, on met en place des ponts de bateaux. Il s'agit de barques placées côte à côte sur lesquelles on pose une chaussée de bois.

À cheval et en voiture

Les voyageurs les plus pressés circulent à cheval ou dans des petits chars tirés par deux chevaux. Ceux qui veulent voyager confortablement utilisent des chariots couverts. Pour le transport des marchandises, on prend des chariots plats, attelés à des chevaux ou à des mules.

dico
Géomètre : personne chargée des relevés de plans lors de la construction de routes ou de villes, par exemple.

Mille : mesure de longueur équivalent, pour le mille romain, à 1 480 mètres.

Le savais-tu ?

Des usages multiples

Les routes ne sont pas destinées au seul trafic des voyageurs. Elles sont aussi utilisées par la poste impériale, qui peut ainsi acheminer rapidement tous les courriers et tous les ordres de l'empereur. Indispensable quand on a un si vaste empire à gouverner ! Quant aux armées, grâce aux routes, elles peuvent se rendre d'un point de l'Empire à un autre pour intervenir très vite en cas de révolte.

De la Grande-Bretagne à la Mésopotamie

De l'Occident à l'Orient, des forêts du nord aux déserts d'Afrique, l'Empire romain offre de multiples facettes. Chaque province a son histoire et ses particularités.

Éphèse (en Turquie), reconstitution de la ville à l'époque romaine (litographie, XIXᵉ siècle).

Les provinces du Danube

Des frontières de la Germanie aux côtes de la mer Noire, plusieurs provinces s'allongent le long du Danube. Celles situées le plus au nord, comme la Rhétie, les Pannonies ou la Dacie, ont un point commun : elles sont en bordure de l'Empire et donc en première ligne si des envahisseurs arrivent de l'est. Difficile dans ces conditions d'envisager la mise en place de grands domaines agricoles, qui risqueraient d'être dévastés. Ce sont surtout les militaires en retraite et les marchands qui s'y installent.

Les grandes cités

La province d'Asia (l'actuelle Turquie) a une curieuse histoire. C'est de ses côtes que serait parti Énée, l'ancêtre du fondateur de Rome ; beaucoup plus tard, en 133 av. J.-C.,

l'un de ses rois, Attale III, lègue son royaume au peuple romain, lui offrant du même coup une zone de protection contre leurs ennemis perses. De grandes villes s'y développent. Éphèse déploie de splendides bâtiments, dont une bibliothèque qui contient plus de 12 000 rouleaux. Pergame est le centre du commerce du parchemin, des textiles et des parfums.

En Orient

La Mésopotamie, la Palestine, les deux Syries et l'Arabie sont les provinces d'Orient. Elles commercent avec les pays lointains comme l'Inde et la Chine. Les caravanes apportent pierres précieuses, perles, épices, soie… Certaines passent par Pétra, la ville des Nabatéens, un peuple d'Arabie, cachée au cœur de gorges étroites dont les falaises sont sculptées de centaines de tombeaux.

L'Africa

Lions, éléphants, serpents… : les premiers voyageurs à revenir d'Africa décrivaient un pays sauvage peuplé de créatures extraordinaires.

Mosaïque romaine.

Au Ier siècle apr. J.-C., les provinces de Numidie et d'Afrique sont surtout réputées pour leurs riches plaines côtières. Des Romains y exploitent de vastes propriétés agricoles ; tout comme l'Égypte, ces terres fournissent à Rome l'essentiel de son ravitaillement.

Un temple romain

La ville de Nîmes, dans le sud de la France, garde des traces de son passé romain. La « maison carrée » n'est autre qu'un temple romain bâti vers 5 apr. J.-C. et dédié aux petits-fils de l'empereur Auguste.

dico

Africa : à l'époque romaine, cette province couvre le nord-ouest de la Libye.

Dacie : province romaine qui correspond à l'actuelle Roumanie.

Germanie : province romaine qui correspond à une partie des Pays-Bas et de l'Allemagne actuels.

Pannonies : provinces romaines qui correspondent à une partie de la Slovaquie et de la Tchéquie actuelles.

Province : voir définition p. 17.

Rhétie : province romaine qui correspond à une partie de l'Allemagne et de l'Autriche actuelles.

Rouleau : rouleau de papyrus, support des documents écrits dans l'Antiquité.

Des frontières bien gardées

Bâtir un gigantesque empire ne suffit pas. Il faut savoir le protéger. C'est le rôle des frontières.

La ligne de la frontière

Une zone frontière sépare l'Empire romain du reste du monde. On la nomme le *limes*. Parfois, lorsque cela est nécessaire, cette zone est fortifiée avec des murs et des tours. Dans ces régions, les voies de communication sont bien entretenues ; elles doivent permettre aux soldats des déplacements rapides. Les provinces les plus menacées, celles qui ont des voisins dangereux, sont bien sûr les plus fortifiées.

Des soldats sur les frontières

Tout le long de la frontière, des forts sont implantés. Les soldats qui y stationnent sont là pour veiller à la sécurité de l'Empire. Mais ils ont aussi un autre rôle : ils servent de douaniers pour les échanges commerciaux. À l'intérieur de l'Empire, entre provinces, les échanges sont libres. Les monnaies d'or, d'argent et de bronze peuvent être utilisées partout. Il n'en va pas de même pour les marchandises qui entrent dans l'Empire ou qui en sortent. Celles-ci sont soumises à des droits de douane.

Le savais-tu ?

Venus du désert

Dans certaines provinces, la frontière borde des territoires inconnus. C'est le cas en Afrique et en Numidie. Ces deux provinces ne craignent pas les invasions par la mer, qui est sous le contrôle des Romains. Par contre, sur leurs frontières sud, des tribus berbères jaillissent du désert pour effectuer des razzias sur les riches propriétés agricoles. Dans ces régions, les soldats romains sont recrutés sur place. Ils doivent bien connaître le désert.

Un mur dans la campagne

Les Romains n'ont jamais réussi à conquérir le nord de la Bretagne. Pour protéger la province romaine de Bretagne contre les peuplades du nord, l'empereur Hadrien a l'idée de faire bâtir un gigantesque mur fortifié. Ce mur mesure 110 kilomètres de long pour 6 mètres de haut et traverse la Bretagne d'une mer à l'autre. Des forts sont édifiés à intervalles réguliers, avec des soldats prêts à intervenir à la moindre attaque.

Une vie de soldat

De nombreux soldats romains veillent dans les forteresses. Celles-ci sont toutes bâties sur le même plan : une enceinte solide, des allées qui se croisent à angles droits, des baraquements pour les soldats. On y trouve aussi des thermes (établissements de bains), des écuries, des greniers pour stocker les provisions et un édifice plus grand, le *praetorium*, où se tient le commandant. Les thermes ne servent pas seulement pour le bain. Ils constituent aussi une réserve d'eau bien pratique en cas d'incendie.

dico *Province :* territoire conquis par Rome en dehors de l'Italie et gouverné par un administrateur romain.

Tout le long du *limes* romain, des postes d'observation.

La fin de l'Empire romain

Un riche empire suscite toujours des convoitises... et un vaste empire est difficile à gouverner. L'Empire romain subit des attaques et des invasions de plus en plus nombreuses. Il finira par s'effondrer.

Des empereurs-soldats

Dès le IIIe siècle, les provinces situées en bordure des frontières sont attaquées. Au sud par les Maures d'Afrique et les nomades du sud égyptien ; au nord par les Goths, qui franchissent le Danube. Les empereurs se succèdent à la tête de l'Empire... sans avoir le temps de mettre une vraie politique en place, car leur règne ne dure que quelques mois, voire quelques semaines. Heureusement, des « empereurs-soldats », comme Philippe l'Arabe ou Dèce, parviennent à rétablir les défenses. Mais l'Empire est affaibli et ses habitants se plaignent du poids des impôts.

Théodose, le dernier empereur romain, entouré de ses deux fils Honorius et Arcadius.

Un Empire coupé en deux

À la fin du IVe siècle, l'empereur Théodose règne sur l'Empire romain. À sa mort, en 395, l'Empire est partagé en deux. La partie orientale revient à son fils Arcadius, et Constantinople en devient la capitale. La partie occidentale échoue à son autre fils, Honorius, avec Ravenne pour capitale. Il y a à présent deux empires romains : un empire romain d'Orient et un empire romain d'Occident, avec chacun leur souverain et leur capitale.

Les invasions barbares

Très vite, dès 406, l'empire romain d'Occident est assailli par de terribles invasions barbares. Les Alains (des nomades iraniens), les Vandales, les Suèves (peuples germaniques) franchissent le Rhin et le Danube. L'année d'après, les Burgondes, un autre peuple germanique, en font autant. Puis ce sera au tour des Huns, un peuple nomade originaire des steppes du sud de la Sibérie. En 476, l'empire romain d'Occident disparaît.

L'empire romain d'Orient

L'empire romain d'Orient connaît un sort bien différent. Il est moins soumis aux invasions et parvient à survivre à cette époque difficile. Il va même si bien prospérer qu'il durera encore mille ans, sous le nom d'Empire byzantin.

Le savais-tu ?

Le roi des Huns

En 434, Attila devient roi des Huns, alors installés en Pannonie. Il dirige le premier royaume du monde barbare et envoie chaque année des raids sur l'empire romain d'Orient. En 451, il franchit le Rhin et ses troupes déferlent sur l'empire romain d'Occident, ravageant la Gaule. L'année suivante, il se dirige sur l'Italie, mais épargne Rome. Il meurt quelques mois plus tard, en 453, et les Huns disparaissent de l'Histoire.

Petit vocabulaire

À l'origine, les mots « Ostrogoths » et « Vandales » désignent des peuples germaniques. Aujourd'hui, le mot « ostrogoth » est utilisé pour nommer quelqu'un qui ne respecte pas la politesse, et le mot « vandale » pour désigner celui qui détruit ou abîme des biens ou des objets.

dico

Byzantin : de Byzance, nom de la cité que les Grecs fondèrent au VIIe siècle av. J.-C. et sur laquelle fut plus tard bâtie Constantinople.

Constantinople : ville de l'actuelle Turquie. Se nomme aujourd'hui Istanbul. Cette ville aura donc porté 3 noms : Byzance, Constantinople, Istanbul.

Pannonies : provinces romaines qui correspondent à une partie de la Slovaquie et de la Tchéquie actuelles.

Province : territoire conquis par Rome en dehors de l'Italie et gouverné par un administrateur romain.

Ravenne : ville d'Italie située au nord-est, sur la côte Adriatique.

Es-tu bien sûr de tout savoir sur l'Empire romain ?
Pour le vérifier, un seul moyen : teste
tes connaissances.

1 Selon la légende, Rome a été fondée :
A par Remus.
B par Romulus.
C par une louve.

2 Au temps des premières conquêtes, le sud de l'Italie est occupé :
A par les Romains.
B par les Étrusques.
C par les Grecs.

3 Jules César a battu les Gaulois :
A à Alésia.
B à Gergovie.
C en pleine campagne.

4 Le Sénat romain est composé :
A de femmes.
B de jeunes gens.
C d'hommes âgés.

5 Pour fonder une ville, on consulte :
A les auspices.
B les voisins.
C les habitants du coin.

6 La curie est le bâtiment :
A où l'on soigne les malades.
B où l'on fait la cuisine.
C où siègent les magistrats de la ville.

7 Les marchandises qui circulent dans l'Empire sont acheminées principalement :
A par la mer.
B par la route.
C à dos de chameau.

8 Le mot « milliaire » désigne :
A un gâteau.
B une borne.
C un moyen de transport.

9 Le mot « *limes* » désigne :
A une lime à ongles.
B un fruit.
C une frontière.

10 Attila était :
A un empereur romain.
B un roi barbare.
C un chef gaulois.

Pour t'aider dans ton exposé

Tu t'es passionné pour l'histoire de l'Empire romain ?
Fais partager tes nouvelles connaissances
à tes camarades de classe. Voici quelques conseils
pour t'aider.

1 Le choix du sujet

Inutile de vouloir parler de tout en une seule fois. Mieux vaut choisir un sujet précis et s'y tenir. Tu peux par exemple raconter la fondation de Rome en parlant de la légende et de l'histoire ; ou expliquer comment les villes étaient fondées, ou les routes construites.

2 La recherche d'informations

Faut-il tout lire sur l'Empire romain ? Non, bien sûr. Il ne faut lire que ce qui concerne le sujet choisi. Par contre, il est important de consulter des sources différentes. Aide-toi de la liste proposée page 36. Dans les livres, utilise la table des matières ou l'index pour trouver le sujet qui t'intéresse. Et les images ? Si tu peux montrer des images, ce sera plus intéressant. En faisant tes recherches, mets de côté celles que tu pourras imprimer, photocopier ou découper.

3 Organiser ton exposé

Une fois que tu as toute ta documentation, fais un plan : choisis les informations que tu vas garder et dans quel ordre tu vas les mettre. Un conseil : ne parle que des choses que tu maîtrises bien… Sinon, les autres pourraient te poser des questions auxquelles tu ne saurais pas répondre. Un deuxième conseil : prends une feuille par partie, tu t'y retrouveras plus facilement.

4 Faire son exposé

Faut-il répéter avant ? Un petit peu. Tu verras ainsi si tu maîtrises bien ton sujet, si tu t'exprimes correctement et combien de temps il dure. Tu peux aussi le tester avec un proche. Comment faire devant les autres ? D'abord, parle lentement, bien distinctement, en levant la tête et en regardant ton public. Commence par annoncer ton sujet, ton plan et… lance-toi ! À la fin, il y aura des questions : tant mieux ! Cela prouve que tu as su intéresser tes camarades. Essaie de faire des réponses courtes et précises.

Pour aller plus loin

Des livres documentaires pour approfondir tes connaissances sur l'Empire romain

• *L'Empire romain*, un monde à explorer, Peter Chrisp, coll. « Onyx », Gallimard, 2004.
• *Le Dico des Gallo-Romains*, Gérard Coulon, La Martinière Jeunesse, 2003.
• *Rome et l'Empire romain*, Francis Dieulafait, coll. « Les Encyclopes », Milan, 2003.
• *Rome et son Empire*, Éric Morvillez, coll. « Repères / Histoire », Casterman, 1999.
• *Rome*, Dimitri Casali et Antoine Auger, coll. « Regard Junior », Mango, 2001.

Des romans pour revivre cette époque

• *Contes et récits des héros de la Rome antique*, Jean-Pierre Andrevon, coll. « Contes et Légendes », Nathan, 2001.
• *Les Colosses de Carthage*, Michel Peyramaure, Pocket Jeunesse, 1999.
• *Les Derniers Jours de Pompéi*, Edward Bulwer-Lytton, coll. « Le Livre de poche Jeunesse-Roman historique », Hachette Jeunesse, 2002.
• *Les Esclaves de Rome*, Dominique Bonnin-Comelly, coll. « Milan Poche Histoire », Milan, 2003.

• *Les Mystères romains* (5 volumes), Caroline Lawrence, coll. « Milan Poche Histoire », Milan.
• *Tumulte à Rome*, Odile Weurlesse, coll. « Le Livre de poche Jeunesse-Roman historique », Hachette Jeunesse, 2001.
• *Vercingétorix*, Bertrand Solet, Pocket Jeunesse, 2001.

Des bâtiments à découvrir

• **Le pont du Gard**, inscrit au patrimoine mondial de l'humanité. Il est situé en Provence, non loin de Nîmes, tout près de la ville de Rémoulins. Édifié entre l'an 40 et l'an 60 par les Romains, il servait à alimenter la ville de Nîmes en eau. Hauteur : 48,77 m ; longueur : 275 m.
• **Les arènes de Nîmes** : un amphithéâtre romain parfaitement conservé qui pouvait accueillir 21 000 spectateurs.

Une ville ancienne à parcourir

• **Vaison-la-Romaine** est située non loin d'Orange, au pied du mont Ventoux. On peut y visiter une ville gallo-romaine datant des Ier et IIe siècles apr. J.-C. Certains grands édifices publics sont conservés, comme le théâtre, taillé dans la roche, qui pouvait accueillir 5 000 à 6 000 spectateurs.

Index

Réponses au quiz

1 B		**6** C	
2 C		**7** A	
3 A		**8** B	
4 C		**9** C	
5 A		**10** B	

Responsable éditorial : Bernard Garaude
Directeur de collection : Dominique Auzel
Suivi éditorial : Anne Vila
Correction : Élisée Georgev
Iconographie : Sandrine Batlle, Albane Marret
Conception graphique, maquette : Anne Heym
Couverture : Bruno Douin

Illustrations : Frédéric Pillot pour les pages 3, 6-7, 18-19

Crédit photo
Couverture : (haut) © Araldo de Luca – CORBIS / (bas) © H. Lewandowski – RMN / (dos) © Frédéric Pillot
pp. 4-5 : © Anne Heym / p. 9 : © AKG-Images
p. 10 : © Bettmann – CORBIS / p. 11 : © AKG-Images
p. 12 : © Fototeca – Leemage / p. 13 : © AKG-Images
p. 15 : © Bettmann – CORBIS / p. 16 : © Archivo Iconografico, S. A. – CORBIS / p. 17 : © AKG-Images
p. 20 : © AKG-Images / p. 22 : © Nathaële Vogel
p. 23 : © AKG-Images / p. 24 : © Costa – Leemage
p. 26 : © Roger-Viollet / p. 28 : © collection Roger-Viollet / p. 29 : © Ricki Rosen – CORBIS SABA
p. 31 : © AKG-Images / p. 32 : © Collection Roger-Viollet

Derniers titres parus

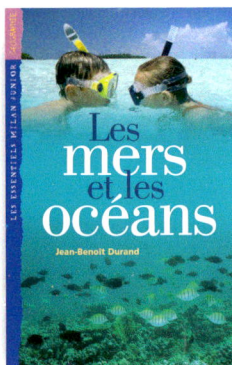

47. Les mers et les océans
Jean-Benoît Durand

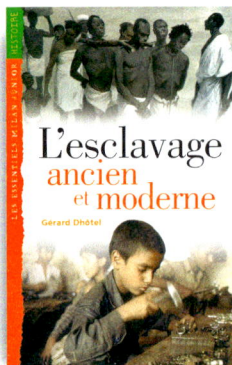

48. L'esclavage ancien
et moderne
Gérard Dhôtel

49. Pourquoi faut-il mourir
un jour ?
Patricia Goralezyk

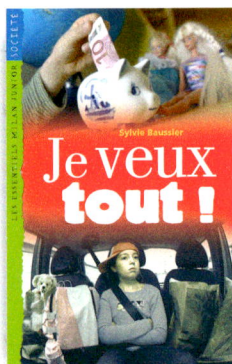

50. Je veux tout !
Sylvie Baussier

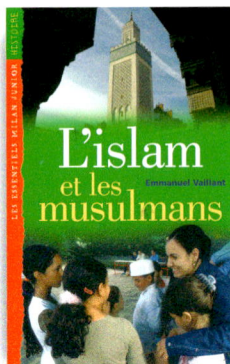

51. L'islam et les musulmans
Emmanuel Vaillant